INSTRUCTIONS AUX CONTRIBUABLES

SUR

LES RÉCLAMATIONS A FORMER

CONTRE

LES NOUVELLES ÉVALUATIONS FONCIÈRES

rédigées par

M. DE CROISSY

ANCIEN SOUS-PRÉFET

en collaboration avec une Commission

COMPOSÉE DE

MM. Cte DE LUÇAY, ancien maître des requêtes au Conseil d'État, Président
TOURNYER, ancien procureur général, Vice-Président
DUVERGIER DE HAURANNE, conseiller général du Cher.
BOULLAIRE, ancien magistrat.
Paul SENART, avocat, secrétaire.

Prix : 10 centimes

En Vente : au Siège du Comité, 19, rue Louis-le-Grand

PARIS

IMPRIMERIE DE LA SOCIÉTÉ DE TYPOGRAPHIE

NOIZETTE, DIRECTEUR

8, RUE CAMPAGNE-PREMIÈRE, 8

1891

Conformément aux vœux émis par la Société des agriculteurs de France dans sa dernière session, ainsi que par l'Union des Syndicats, un Comité consultatif vient de se former pour la défense de la propriété bâtie.

Son siège est établi à Paris, 19, rue Louis-le-Grand.

Les contribuables de Paris ou des départements, qui voudraient s'adresser à lui, sont priés d'écrire soit à M. le comte de Luçay, président, soit à M. Paul Senart, secrétaire, au siège du Comité.

Prix de l'exemplaire	**0** fr. **10**
— *par la poste* . . .	**0** fr. **15**
Cinquante exemplaires	**4** fr. **50**
Cent —	**8** fr. **»**

Frais de poste en sus.

INSTRUCTIONS AUX CONTRIBUABLES

SUR

LES RÉCLAMATIONS A FORMER

CONTRE

LES NOUVELLES ÉVALUATIONS FONCIÈRES

rédigées par

M. DE CROISSY

ANCIEN SOUS-PRÉFET

en collaboration avec une Commission

COMPOSÉE DE

MM. Cte DE LUÇAY, ancien maître des requêtes au Conseil d'État, Président
TOURNYER, ancien procureur général, Vice-Président
DUVERGIER DE HAURANNE, conseiller général du Cher.
BOULLAIRE, ancien magistrat.
Paul SENART, avocat, secrétaire.

Prix : 10 centimes

En Vente : au Siège du Comité, 19, rue Louis-le-Grand

PARIS

IMPRIMERIE DE LA SOCIÉTÉ DE TYPOGRAPHIE

NOIZETTE, DIRECTEUR

8, RUE CAMPAGNE-PREMIÈRE, 8

—

1891

TABLE

Annexes

INSTRUCTIONS AUX CONTRIBUABLES

Sur les réclamations à former contre les nouvelles évaluations servant de base à la contribution foncière des propriétés bâties.

————

Transformation de la contribution foncière de la propriété bâtie en impôt de quotité.

En 1791, c'est-à-dire à l'origine même de l'impôt, la Constituante, proclamant le régime de la répartition, « une conquête de la liberté », l'avait appliqué à la contribution foncière.

Ce régime n'a cessé de fonctionner depuis à la satisfaction de tous, Trésor aussi bien que contribuables.

Rompant avec des traditions séculaires, la loi du 8 août 1890 vient de transformer, à partir de 1891, la contribution foncière des propriétés bâties en impôt de quotité.

Cette transformation est de nature à jeter une profonde perturbation dans l'assiette de la contribution, en attendant qu'elle réagisse sur notre système général d'impôts.

Différence entre l'impôt de répartition et l'impôt de quotité.

La différence entre ces deux modalités de l'impôt est très considérable.

L'impôt de répartition est celui dont le contingent, fixé à l'avance, est réparti de degré en degré entre les départements, les arrondissements, les communes et les contribuables, sans que ceux-ci puissent se plaindre, leurs intérêts collectifs étant garantis par l'intervention de leurs mandataires élus.

L'impôt de quotité au contraire n'a pas de quantum déterminé à l'avance ; il est assis isolément sur chaque contribuable, d'après un tarif appliqué par le fisc à des évaluations que, dans l'espèce, il a arrêtées lui-même et seul.

Critique du système de la quotité. Ce système de la quotité qui a l'inconvénient, signalé par Turgot, *de laisser l'État seul contre tous*, est avant tout dangereux pour les contribuables, qu'il livre à l'arbitraire du fisc, sans que leurs représentants naturels, les conseillers généraux, d'arrondissement et municipaux, puissent intervenir pour obliger l'administration à tenir compte des facultés contributives respectives de chaque circonscription. Il a par contre cette conséquence qu'*une décharge, quelle qu'elle soit, obtenue par un contribuable, ne saurait jamais entraîner une aggravation quelconque d'impôt à la charge des autres contribuables de la commune.*

But de l'adoption du système de la quotité. Le législateur a choisi le mode de la quotité, pour opérer soi-disant la péréquation de la contribution foncière des propriétés bâties, mais en réalité parce que, avec l'impôt de quotité assis annuellement sur les valeurs elles-mêmes, on arrive forcément, au bout d'un temps plus ou moins long, à obtenir des plus-values pour le fisc.

— Peut-être ce nouvel impôt de quotité, comme l'essai tenté en 1831 pour la contribution personnelle et mobilière et celle des portes et fenêtres, tombera-t-il sous le poids de sa propre application ? En attendant, on doit s'efforcer de rendre cette application aussi peu préjudiciable que possible aux intérêts de l'agriculture et des contribuables. Le but de la présente instruction est précisément de fournir à ces derniers les moyens légaux de se défendre.

Nouvelle assiette de la contribution foncière des propriétés bâties.

Il résulte de la combinaison des articles 4, 5 et 6 de la loi du 8 août 1890 que, à partir du 1er janvier 1891, il ne sera plus assigné de contingents aux départements, arrondissements et communes, en matière de contribution foncière des propriétés bâties, et qu'à l'avenir le principal de cette contribution sera réglé par l'application d'un taux uniforme, **fixé à 3, 20 0/0 pour 1891,** aux valeurs locatives de cette nature de propriété. telles qu'elles ressortent des évaluations faites en exécution de l'article 34 de la loi du 8 août 1885.

Variabilité du taux; immuabilité des évaluations.

Le taux, véritable coefficient de l'impôt, pourra varier ; le législateur n'a pris aucun engagement en ce qui le concerne; les termes de l'article 6 laissent bien entendre que ce n'est que pour 1891 qu'il est fixé à 3, 20 0/0. Rien n'empêche de l'augmenter, si le besoin s'en fait sentir les années suivantes. Les évaluations seules sont immuables pour dix ans, à moins qu'on ne réussisse à les faire modifier par voie de réclamations formées dans les délais de rigueur indiqués ci-dessous.

Délais ouverts aux réclamations contre les évaluation nouvelles.

L'article 7 de la loi du 8 août 1890 admet tout propriétaire de propriété bâtie à réclamer contre l'évaluation attribuée à son immeuble, pendant six mois, à dater de la publication du premier rôle dans lequel cet immeuble aura été imposé, et pendant trois mois, à partir de la publication du rôle suivant.

C'est-à-dire ,pour les constructions actuellement existantes, pendant SIX MOIS A PARTIR DE LA PUBLICATION DU ROLE DE 1891, et pendant TROIS MOIS A PARTIR DE LA PUBLICATION DU ROLE DE 1892 (1).

Passé ce délai, le contribuable est *forclos* jusqu'en 1900; il ne peut plus réclamer dans les trois mois de la publication de chaque rôle que,lorsque par suite de circonstances tout à fait exceptionnelles et qui vraisemblablement ne se présenteront que rarement,son immeuble aura subi une dépréciation, ou aura été detruit en tout ou en partie, ou converti en bâtiment rural. Quant aux réclamations qu'il formulerait alors contre les erreurs ou inégalités résultant des évaluations, elles seraient considérées comme irrecevables,

Critique du travail de recensement. Or, le travail de recensement pour la revision de ces évaluations a été opéré par les seuls agents de l'administration. Comme le faisait très justement remarquer M. Boulanger dans son rapport au Sénat, il est impossible d'affirmer que de nombreuses erreurs ne se soient pas glissées dans ce travail. Il est surtout impossible de soutenir qu'il ne renferme pas de grandes inégalités dans les évaluations d'une région à une autre.

Les conseils généraux et d'arrondissement, qui seuls auraient pu les signaler, n'ont pas été consultés ; les conseils municipaux non plus. Quant aux répartiteurs, leur intervention, plus ou moins effective dans l'opération,ne présente aucun

---

1. La date de la publication du rôle est indiquée en marge à gauche de l'avertissement.

des caractères d'une contradiction suffisante de la part des intéressés. Dès le début du travail on leur avait donné officiellement lecture d'une circulaire du Ministre de l'intérieur, en date du 5 août 1887, leur affirmant que le recensement n'était pas fait pour arriver à une augmentation d'impôt. Une semblable affirmation était de nature à les rendre très coulants sur le travail du contrôleur.

D'ailleurs, dans plus de 10.000 communes, les répartiteurs se sont abstenus d'accompagner les contrôleurs dans leurs visites et ont été remplacés par un indicateur.

Contrôle des évaluations. En réalité, quoi qu'on en ait dit, les nouvelles évaluations sont l'œuvre de l'administration seule, et dès lors, elles ne doivent être acceptées par les contribuables que sous bénéfice d'inventaire. Il est indispensable que chacun se rende compte par un examen minutieux de la manière dont il est imposé cette année.

Cet examen doit porter bien moins sur montant total de la cote, que sur la valeur locative servant de base à l'application du taux de 3,20 0/0.

Il ne faut pas perdre de vue que la valeur locative portée sur les avertissements est, **non pas la valeur locative totale** de l'immeuble, mais seulement **le revenu net, c'est-à-dire cette valeur locative diminuée d'un quart pour les maisons, d'un tiers pour les usines,** suivant les prescriptions de l'article 5 ainsi conçu :

La contribution foncière des propriétés bâties sera,

à partir du 1ᵉʳ janvier 1891, réglée en raison de la valeur locative de ces propriétés, telle qu'elle a été établie conformément à l'article 34 de la loi du 8 août 1885, sous déduction d'un quart pour les maisons, et d'un tiers pour les usines, en considération du dépérissement et des frais d'entretien et de réparation.

Pour connaître l'évaluation du contrôleur, il faut donc majorer, d'un tiers pour les maisons, et de moitié pour les usines, les chiffres de la valeur locative portée sur l'avertissement.

Ainsi, le revenu net imposable d'une maison étant de 750 francs, il faut ajouter le 1/3 soit 250 francs pour retrouver le chiffre brut de la valeur locative réelle, sur lequel il y aura à discuter pour établir l'exagération de l'évaluation, soit 1.000 francs.

Nécessité de réclamer, alors même que la cote serait diminuée cette année.

Il peut arriver que, malgré une majoration très sensible de la valeur locative d'un immeuble, le montant de la cote qui lui est imposée reste égal ou même inférieur à l'impôt payé les années précédentes ; ce fait se produira surtout dans les départements et communes, où l'ancien rapport de l'impôt au revenu était supérieur à 3, 20 0/0 et s'élevait à 4 ou 5 0/0. Car, de même que la péréquation sur le taux de 3,20 a provoqué une augmentation pour tous ceux qui payaient l'impôt sur un taux inférieur, de même elle a amené une diminution en faveur de ceux qui payaient sur un taux plus élevé.

Mais, alors même qu'un contribuable profiterait, *cette année*, d'une diminution marquée d'impôt, il ne doit pas, s'il est réellement soucieux de ses intérêts, laisser passer une évaluation de valeur lo-

cative qu'il pourrait considérer comme exagérée.
Il ne saurait en effet perdre de vue que cette réduction a un caractère absolument précaire, que le
taux de 3, 20 0/0 ne s'applique qu'à l'exercice
1891 et qu'il est susceptible de varier suivant les
nécessités budgétaires. Il pourra être ultérieure-
ment porté à 4, à 5 0/0, peut-être même au delà. Et
alors, comme la valeur locative qui sert de base au
calcul restera la même jusqu'en 1900, au lieu de la
diminution actuelle qu'il pourrait croire acquise,
il subirait une augmentation hors de proportion
avec la part contributive, qu'il devrait normale-
ment supporter dans les charges publiques.

Il est d'autant plus indispensable de vérifier
scrupuleusement les nouvelles évaluations qu'elles
pourront, dans un délai plus ou moins prochain,
servir aussi au calcul de la contribution mobilière
et du droit proportionnel de la contribution des
portes et fenêtres, sans parler de la réaction
qu'elles sont appelées à exercer sur le droit proportionnel des patentes.

Déjà même, dès cette année, il dépendra des
corps électifs compétents d'appliquer les nouvelles
évaluations des propriétés bâties à l'assiette de la
contribution mobilière.

Chaque contribuable a donc, cette année, le devoir
strict de se rendre exactement compte des éléments
de sa cotisation à la contribution foncière de la
propriété bâtie, et, pour peu qu'il reconnaisse que
la valeur locative attribuée à son immeuble est
exagérée, il ne faut pas qu'il remette à l'année
prochaine, en se disant qu'il aura encore trois mois
pour réclamer en 1892 ; **il doit former sa récla-**

**mation dès maintenant dans le délai de six
mois** imparti par *l'article* 7 de la loi du 8 août
1890.

Forme des réclamations.

1° Réclamation par requête.

Tout contribuable, qui se croira surtaxé en raison des évaluations nouvelles, doit, conformément à l'article 28 de la loi du 21 avril 1832, adresser au préfet ou au sous-préfet, dans les *six mois de la publication du rôle,* une demande en décharge ou en réduction, dont on trouvera ci-après la formule, en y joignant la quittance des termes échus et sa feuille d'avertissement ou, s'il ne l'a plus, un extrait des rôles qu'il est en droit de réclamer au percepteur moyennant le payement de 25 centimes.

En raison du caractère essentiellement contentieux du litige, il est bon de formuler, dans le corps même de la requête, une demande d'expertise.

Les réclamations doivent être formées sur papier timbré, lorsqu'elles portent sur une cote de 30 francs et au-dessus. Si la cote est inférieure à 30 francs, la réclamation n'est pas assujettie au timbre.

2° Déclaration à la mairie.

Indépendamment de ce mode de réclamation, qui est la voie normale, la plus sûre à suivre, les contribuables peuvent aussi réclamer par voie de simples déclarations consignées sur le registre tenu à la mairie en exécution de l'article 2 de la loi du 21 juillet 1887. (Voir page 38.)

Mais la déclaration devant être faite dans le mois de la publication des rôles, il ne sera pas toujours possible d'y recourir actuellement et, d'ailleurs, le caractère contentieux du litige ne permettrait pas le plus souvent de faire statuer dans cette forme sommaire. On ne saurait donc trop recommander aux contribuables de réclamer immédiatement par voie de requête.

Ce que doit contenir une réclamation.

Dans chaque réclamation on doit avoir soin de bien développer tous les faits et moyens de nature à infirmer les évaluations contestées.

Point de départ de la fixité des évaluations.

A quelle époque doit-on se placer pour apprécier si ces évaluations sont ou non exagérées ?

L'administration, se fondant sur les dispositions combinées de l'article 84 de la loi du 8 août 1885 et du premier paragraphe de l'article 5 de la loi du 8 août 1890 (1), prétend, dans la circulaire du 27 janvier 1891, que la valeur locative. qui doit être justifiée par le contrôleur en cas de réclamation, est celle que comportait chaque immeuble au moment de la signature du procès-verbal des opérations.

Il suivrait de là que le contribuable devrait toujours prouver que son immeuble ne valait pas, en 1888 ou 1889, plus qu'il ne vaut aujourd'hui, et qu'il ne pourrait arguer, sauf circonstances exceptionnelles, d'un acte ou d'un fait récent établissant une dépréciation postérieure à la clôture du procès-verbal d'évaluation, dont la date varie non seu-

---

1. L'art. 34 de la loi du 8 août 1885 est ainsi conçu : *A partir du 1er janvier 1886, l'administration des contributions directes procédera au recensement de toutes les propriétés bâties, avec évaluation de la valeur locative actuelle de chacune d'elles.*

Le 1er paragraphe de l'art. 5 de la loi du 8 août 1890 porte: *La contribution foncière des propriétés bâties sera, à partir de la même date (1er janvier 1891), réglée en raison de la valeur locative de ces propriétés, telle qu'elle a été établie conformément à l'art. 34 de la loi du 8 août 1885.*

lement suivant les régions, mais même suivant les communes.

Cette théorie semble inadmissible, car elle ne tend à rien moins qu'à prolonger de un, deux ou même trois ans, suivant la date du procès-verbal, la durée des évaluations fixée à dix ans seulement par l'article 8 de la loi du 8 août 1890 (1).

Tout porte à croire que le conseil d'État saisi de la question refuserait de sanctionner l'interprétation administrative, aussi contraire au texte qu'à l'esprit de la loi, et qu'il reconnaîtrait au contraire aux contribuables la faculté de contester les évaluations du contrôleur au moyen de tout titre, acte, ou fait, qu'il soit de date antérieure, concomitante ou postérieure au procès-verbal de l'opération, du moment qu'il en ressortirait que l'évaluation rendue exécutoire est inexacte.

Ainsi, par exemple, nous estimons que si un immeuble, maison ou usine, affermé il y a deux ans 300 francs au moment de la clôture du procès-verbal et évalué par suite à cette somme, n'est plus loué aujourd'hui par un bail postérieur, dont la sincérité n'est pas contestée, que 200 francs, le contribuable est fondé à soutenir que sa contribution foncière de la propriété bâtie doit être calculée sur une valeur locative, non pas de 300 francs mais de 200 francs réduite d'un quart ou d'un tiers en vertu de l'article 5 précité.

Moyens de contester les évaluations. — Actes. Quand la propriété, sur laquelle portera le litige, aura été l'objet d'*un bail récent ou en cours, ou d'un acte de vente, de partage ou autre permettant de*

1. Art. 8. Les évaluations servant de base à la contribution foncière des propriétés bâties seront revisées tous les 10 ans.

déduire clairement la valeur locative, il sera toujours facile de contester, preuves en mains, les évaluations du contrôleur.

Types et points de comparaison.

La critique deviendra plus délicate pour les propriétés évaluées par voie de comparaison, ce qui se présentera fréquemment pour les usines, maisons de ferme et maisons exceptionnelles; il conviendra avant tout, comme le dit la circulaire du 27 janvier 1891, de se reporter au tableau des types et d'examiner si les immeubles, qui ont servi de base à l'évaluation de la propriété en cause, ont été convenablement choisis et régulièrement estimés.

Communication des types.

Ces types ne sont pas déposés dans les mairies, et par suite les contribuables ne peuvent en réclamer communication comme des autres documents municipaux, mais l'agent chargé de l'instruction des réclamations devra être muni de ces tableaux, pour les communiquer aux maires et aux répartiteurs ainsi que tous les éléments d'appréciation qui leur permettront d'asseoir un jugement motivé. Le plus souvent les contribuables pourront obtenir la communication des types au moment de la tournée de vérification des contrôleurs, car la circulaire du 27 janvier 1891 recommande à ces derniers de fournir toutes les explications qui seraient réclamées. Mais, en tout cas, l'indication et la définition des types devraient être consignés dans les avis des répartiteurs, du contrôleur et du directeur, qui sont communiqués au réclamant lors du dépôt du dossier à la sous-préfecture ou à la préfecture.

Détermination

Le contribuable pourra aussi contester le classement de son immeuble dans ce type, en prenant comme point de comparaison des immeubles, dont le prix de location est connu et dont quelques-uns. pour des raisons spéciales, auraient reçu une évaluation inférieure. La matrice cadastrale, corrigée avec les évaluations nouvelles, fournira des indications utiles pour le choix des points de comparaison des immeubles, dont le prix de location ne serait pas connu. Et en outre on peut toujours réclamer la délivrance des extraits de rôle relatifs aux immeubles pris comme point de comparaison en payant la redevance de 25 centimes par extrait (1). Comme il s'agit maintenant d'un impôt de quotité, on n'est plus limité à la commune pour le choix des points de comparaison ; l'égalité proportionnelle devant l'impôt s'étend aujourd'hui à toute la France : on peut donc, du moment qu'il s'agit d'immeubles bien similaires, prendre ses points de comparaison en dehors de la commune, même en dehors du département, lorsque cette comparaison semblera pouvoir être utilement invoquée.

Dans tous les cas, les comparaisons devront porter sur la valeur locative même, et non sur le revenu net tel qu'il est porté à l'avertissement, c'est-à-dire

---

1. La circulaire de la comptabilité publique, en date du 30 septembre 1887, a, en effet, interprété l'article 60 de l'instruction générale des finances du 20 juin 1859, relatif à la délivrance des extraits de rôles, dans le sens le plus large, en décidant que la délivrance des extraits devait être faite non seulement au propriétaire imposé, mais à toute personne portée aux rôles, qui demanderait des extraits, même ne concernant pas ses propres contributions.

sur ce revenu net augmenté d'un tiers ou de moitié, suivant qu'il s'agit de maisons ou d'usines. C'est la valeur locative seule qui a été déterminée en vertu de l'article 34 de la loi du 8 août 1885, et le rôle du répartiteur et du contrôleur dans l'instruction des réclamations doit consister à examiner si cette valeur locative a été régulièrement appréciée. Ils devraient donc *a fortiori* ne pas maintenir les évaluations à l'égard desquelles, comme cela a eu lieu dans certains cas, on aurait pris pour base *la valeur vénale*.

Ventilation des objets indûment compris dans les évaluations.

Que le contribuable invoque à l'appui de sa réclamation un bail ou un acte quelconque, ou des points de comparaison, il est toujours fondé, lorsqu'il a lieu de considérer que des objets étrangers à la propriété bâtie, tels que terres, jardins, parcs, étables, bâtiments ruraux, etc., ont été compris dans l'évaluation, à demander qu'il soit procédé à la ventilation du prix du bail ou de l'évaluation, pour que sa valeur locative soit diminuée d'une valeur correspondante à celle desdits objets.

Exemption des bâtiments servant à loger les bestiaux et leur gardien.

Dans cet ordre d'idées il ne faut pas perdre de vue que, d'après le paragraphe 2 de l'article 5 de la loi du 8 août 1890, *le bénéfice des dispositions de l'article 85 de la loi du 3 frimaire an VII est étendu aux bâtiments qui servent à loger, indépendamment des bestiaux des fermes et métairies, les gardiens de ces bestiaux.*

Le mot bestiaux doit toujours être interprété dans son acception la plus large et comprendre toutes les bêtes de somme ou de trait employées pour le service de l'agriculture (Circ. 27 janvier 1891).

Un bâtiment, destiné à loger les bestiaux d'une ferme ou métairie et dans lequel couche également le gardien de ces bestiaux, ne perd donc pas par ce seul fait son caractère de bâtiment rural. Sa valeur locative ne doit pas entrer dans l'évaluation de la valeur imposable.

Époque de vérification des réclamations. Aux termes de la circulaire du 27 janvier 1891, la vérification des réclamations présentées contre les évaluations pourra être effectuée dans les villes importantes, au fur et à mesure de leur réception.

Dans les autres communes, la vérification se fera en deux fois :

1° Pendant la tournée générale des mutations ;

2° Dans une tournée complémentaire. Cette deuxième tournée sera consacrée à l'examen de toutes les réclamations qui, pour une cause quelconque, n'auraient pu être instruites au cours de la tournée de mutations, notamment celles qui sont très complexes ou qui soulèveraient des questions exceptionnellement difficiles.

Si toutefois, dans une commune atteinte par une augmentation sensible de l'impôt, la distribution des avertissements avait soulevé quelque émotion parmi les contribuables, et que la municipalité demandât à ce qu'il fût procédé à bref délai à l'examen des réclamations déjà présentées, il devrait être fait droit à cette demande (Circ. 27 janvier 1891).

Instruction des réclamations. L'instruction des réclamations ne devra pas, en principe, aux termes de la circulaire précitée, avoir lieu par voie d'états collectifs. Chacune d'elle doit faire l'objet d'un examen séparé.

A la suite de la vérification de chaque réclamation, l'avis du maire et des répartiteurs sera consigné sur la feuille d'instruction, dans la forme ordinaire. Cet avis ne doit pas être écrit de la main du contrôleur (Circ. 27 janvier 1891).

Le maire et les répartiteurs sont tenus de donner leur avis, dans les dix jours de la communication des dossiers, lorsque le contrôleur, qui dans un grand nombre de cas se transporte dans la commune, ne l'obtient pas immédiatement.

L'avis du contrôleur doit faire suite à celui du maire et des répartiteurs, être toujours motivé, et notamment renfermer des justifications spéciales toutes les fois que les conclusions en seront différentes.

Les avis une fois donnés, le dossier est immédiatement envoyé à la Direction.

Le directeur s'assure de la régularité de l'instruction, et formule ses propositions qui doivent contenir le résumé de cette instruction et se terminer par des conclusions basées sur les lois, les règlements et la jurisprudence.

Si le directeur conclut à l'admission pure et simple de la demande, il adresse ensuite immédiatement le dossier au conseil de préfecture avec son rapport.

Dépôt du dossier à la sous-préfecture ou à la préfecture. Si, au contraire, il conclut au rejet de la demande, ou s'il propose de ne l'admettre qu'en partie, il transmet le dossier à la sous-préfecture ou à la préfecture, et invite le réclamant à en prendre communication sur place sans déplacement, et à faire connaître, dans **les dix jours**, s'il veut fournir de nouvelles observations, **ou recourir à la vérifi-**

cation par voie d'experts (Loi 21 avril 1832, *art*. 19), et en outre s'il entend présenter ou faire présenter des observations orales, à la séance du conseil de préfecture, où l'affaire sera portée pour être jugée. Dans ce dernier cas, la partie, ou son mandataire, doit être avertie quatre jours à l'avance du jour de l'audience (Loi 21 avril 1832, art. 27).

Si le réclamant n'a pas fourni d'observations, ce qui doit être attesté par le sous-préfet, le directeur adresse aussitôt les pièces à la préfecture.

Demande d'expertise. Si l'expertise est demandée, il renvoie sans délai les pièces au contrôleur pour qu'il soit procédé à cette opération (Arrêté consulaire 24 floréal an VIII. art. 5 et 6).

Il doit être procédé à l'expertise, si l'intention de recourir à ce moyen d'instruction a été, comme on l'a recommandé plus haut, formulée dans la réclamation, alors même que la demande n'en aurait pas été renouvelée pendant le dépôt du dossier (Cons. d'Ét. arrêt 24 mars 1865). Mais le réclamant, mis en demeure de recourir à l'expertise par la communication de l'avis du directeur, n'est plus en droit de la demander quand il a laissé passer le délai de dix jours fixé par la loi (Cons. d'Ét. arrêt. 8 février 1865). Toutefois le conseil de préfecture conserve dans ce cas la faculté de l'ordonner d'office, comme dans tout autre avant faire droit pour arriver à la manifestation de la vérité. (Faivre, *Notice sur les contributions directes. Paul Dupont* 1884.)

Dès que le contrôleur a reçu le dossier de l'affaire pour laquelle l'expertise est demandée, il s'assure que le réclamant a désigné son expert et il invite le sous-préfet à désigner celui de l'administration.

Choix de l'expert.

Le contribuable ne saurait apporter trop de soin dans le choix de son expert. Il doit désigner autant que possible un homme connaissant à fond les valeurs locatives réelles du pays et les rapports de ces valeurs aux anciens revenus cadastraux (1). Ce sont en effet des points de repère indispensables à une saine appréciation des nouvelles évaluations.

Fixation du jour de l'expertise.

Le contrôleur fixe le jour auquel il se rendra sur les lieux pour procéder à la vérification. Il en prévient, au moins dix jours à l'avance, les deux experts, le réclamant et le maire de la commune ; il fait connaître au réclamant qu'il a la faculté d'assister aux opérations des experts ou de s'y faire représenter par un fondé de pouvoirs, et il invite le maire à faire désigner par les répartiteurs deux d'entre eux pour être présents aussi aux mêmes opérations.

L'expertise a lieu au jour indiqué. Le contrôleur en dresse procès-verbal, qu'il transmet au directeur avec son avis personnel.

Le procès-verbal qui relate les dires et observations des experts est établi sur papier libre, mais si les experts jugent à propos de rédiger eux-mêmes des rapports, *ils doivent les écrire sur papier timbré et les faire enregistrer.* — L'enregistrement

---

1. Le revenu cadastral, porté jusqu'en 1890 sur les avertissements, n'était qu'une représentation fictive de la valeur réelle, adoptée pour faciliter la répartition du contingent entre les contribuables d'une même commune. Il variait de commune à commune. Cependant il représentait ordinairement le cinquième de la valeur locative.

est gratis pour les cotes inférieures à cent francs.

**Tierce exper-
tise.**

S'il y a désaccord entre l'expert de l'administration et celui du réclamant, l'article 5 de la loi du 29 décembre 1884 donne au réclamant comme à l'administration le droit de réclamer une tierce expertise.

Le tiers expert est alors désigné, sur simple requête de la partie la plus diligente et sans frais par le juge de paix du canton.

Les juges de paix choisissaient souvent comme tiers expert la personne qui leur était désignée par la partie requérante. Une circulaire du garde des sceaux du 3 juillet 1890 signale l'irrégularité d'une semblable désignation absolument contraire à l'esprit de la loi, et invite les juges de paix à désigner comme tiers experts des personnes *absolument indépendantes de l'une comme de l'autre partie.*

Le tiers expert doit déposer son rapport dans la quinzaine de sa nomination, faute de quoi le conseil de préfecture pourra refuser de le comprendre dans la liquidation des dépens.

Les frais d'expertise et de tierce expertise sont, comme tous les autres, supportés par la partie qui succombe, suivant l'appréciation du juge, dans les termes des articles 130 et 131 du code de procédure civile (Loi 29 décembre 1884, art. 5).

Les expertises et contre-expertises une fois terminées, la réclamation est soumise au conseil de préfecture *qui statue en première instance.*

**Contre-véri-
fication.**

Le conseil peut, s'il ne se trouve pas suffisamment éclairé par l'instruction, ordonner une contre-vérification, en indiquant les points à éclaircir. La contre-vérification est faite par l'inspecteur où à son défaut par un contrôleur autre que celui qui a procédé à la première instruction. Elle a lieu en présence du réclamant ou de son fondé de pouvoir, du maire et des répartiteurs.

L'agent chargé de la vérification dresse un procès-verbal, dans lequel il mentionne les observations du réclamant et celles du maire et des répartiteurs ; le directeur fait un nouveau rapport.

Délai dans lequel les conseils de préfecture doivent statuer.

Les décisions du conseil de préfecture doivent être rendues pour toutes les réclamations, **dans les trois mois de la date de l'enregistrement de la demande à la préfecture ou sous-préfecture.** Lorsque les réclamations n'ont pas été jugées dans ce délai, la loi donne aux réclamants le **droit de différer le paiement des douzièmes, qui viendraient à échoir après son expiration** (Loi 21 avril 1832, article 28).

Opposition.

La voie de l'opposition est aussi ouverte contre les décisions du conseil de préfecture rendues par défaut ; mais, comme en matière administrative celui qui a présenté une demande ou une défense par écrit ne peut plus être considéré comme jugé par défaut, lors même qu'il n'aurait pas comparu à l'audience, il s'ensuit qu'en réalité il ne faut pas compter sur l'opposition, et qu'on doit toujours, en cas de rejet de la réclamation, former un recours au conseil d'État.

Recours au conseil d'État.

Les contribuables peuvent se pourvoir devant le conseil d'État contre les décisions du conseil de préfecture. *Le recours ne peut s'exercer que dans le délai de deux mois à dater du jour où la décision a été notifiée,* et la requête formée sur papier timbré, *s'il s'agit d'une cote de* 30 *fr. et au-dessus*, doit être accompagnée de la lettre d'avis de la décision attaquée. Ce recours est dispensé du ministère d'avocat.

Les pourvois sont transmis sans frais au président du conseil d'État par l'intermédiaire du Préfet.

Réclamations des communes. Indépendamment des réclamations individuelles dont il vient d'être parlé, le § 2 de l'article 8 de la loi du 8 août 1890 donne au conseil municipal, lorsqu'il se produit dans l'intervalle de deux revisions décennales une dépréciation générale des propriétés bâties, soit de l'intégralité, soit d'une fraction notable de leur commune, le droit de demander qu'il soit procédé à une nouvelle évaluation des propriétés bâties de l'ensemble de la commune, à la charge par celle-ci de supporter les frais de l'opération. Les évaluations ainsi établies seront néanmoins renouvelées à l'expiration de la période décennale en cours.

Déclarations à faire pour constructions nouvelles, reconstructions et additions de construction. Dans un autre ordre d'idées, il importe aussi que les contribuables ne perdent pas de vue que, pour profiter du bénéfice de l'article 9 de la loi du 8 août 1890, qui ne soumet les constructions nouvelles, reconstructions et additions de construction à la contribution foncière que la troisième année après leur achèvement, le propriétaire devra faire, à la mairie de la commune où sera élevé le bâtiment passible de la contribution, *dans les quatre mois à partir de l'ouverture des travaux,* une déclaration indiquant la nature du bâtiment, sa destination et la désignation, d'après les documents cadastraux, du terrain sur lequel il doit être construit.

Sont considérées comme constructions nouvelles la conversion d'un bâtiment rural en maison ou en usine et l'affectation de terrains à des usages commerciaux ou industriels, dans les conditions indiquées à l'article 1er de la loi du 29 décembre 1884.

La sanction du défaut de déclaration est, d'une part, dans l'imposition par rôle particulier, à partir du 1er janvier de l'année qui suivra celle de l'achèvement des constructions; d'autre part, dans la multiplication des cotisations y afférentes par le nombre d'années écoulées entre celle où les constructions nouvelles, reconstructions et additions auront été achevées et celle où elles auront été découvertes, y compris cette dernière année, sans toutefois pouvoir être plus que quintuplées.

Centimes additionnels. La loi nouvelle modifiant sensiblement le principal de la contribution foncière aurait pu, si on avait pris ce nouveau principal pour base du calcul des centimes additionnels départementaux et communaux, déterminer dans le calcul de ces centimes des fluctuations de nature à compromettre l'équilibre des budgets locaux.

Aussi, l'article 26 de la loi du 8 août 1890 a pris soin de stipuler expressément que, jusqu'à nouvel ordre, pour le calcul du produit de ces centimes départementaux et communaux, en ce qui concerne la contribution foncière (propriétés bâties et propriétés non bâties) on prendra pour base le montant du principal inscrit aux rôles de 1890, en tenant compte seulement des mouvements de la matière imposable, c'est-à-dire des démolitions et reconstructions, etc.

La part du produit total afférente à ce dernier

principal sera répartie entre les contribuables en raison du principal de leurs cotisations individuelles, telles qu'elles auront été réglées en vertu de la loi du 8 août 1890. Ainsi, le contingent des centimes en lui-même ne pourra être affecté, jusqu'à nouvel ordre, ni par le dégrèvement de la propriété non bâtie, ni par les augmentations ou réductions résultant de l'application des nouvelles évaluations, mais les contribuables verront le produit de ces centimes sur la contribution foncière de la propriété bâtie s'accroître en raison directe de l'augmentation de la valeur locative qui aura été reconnue à leur immeuble. C'est une raison de plus pour eux de réclamer dans les six mois de la publication des rôles de 1891.

Résumé des devoirs des Contribuables.

Les évaluations étant réputées immuables pour dix ans c'est-à-dire jusqu'en 1900 et le coefficient de l'impôt pouvant être augmenté chaque année par la loi budgétaire, il est essentiel, aussitôt son avertissement reçu, d'examiner avec soin la valeur locative attribuée à son immeuble, suivant les indications de la page 12, et de la comparer à la valeur des baux et à celle des autres immeubles similaires situés tant sur le territoire de la commune qu'à l'extérieur.

Avoir soin de former, dans ce délai de six mois, une réclamation adressée au préfet ou au sous-préfet, sur timbre si la cote est de 30 fr. et au dessus. *Cette réclamation, même si elle échoue, ne peut en aucun cas avoir pour effet de faire augmenter les évaluations portées au rôle.* — Y joindre la quittance des termes échus et la feuille d'avertissement, ou à défaut un extrait du rôle. Réclamer dans le corps même de cette requête une expertise. (Voir le modèle en appendice.)

S'informer à la mairie de la date exacte de la tournée. Profiter du passage du contrôleur pour lui demander, quand l'immeuble a été évalué par voie de comparaison, communication des types ayant servi à l'évaluation. Le contrôleur ne peut guère refuser cette communication, car l'administration recommande à ses agents, par la circulaire du 27 janvier 1891, de fournir toutes les explications qui leur seraient demandées par les contribuables.

4° Dépôt du dossier à la sous-préfecture.

Ce dépôt doit durer dix jours (art. 29 loi 21 avril 1832). Aussitôt la réception de l'avis de dépôt, se rendre à la mairie pour prendre communication de l'avis du maire, des répartiteurs, du contrôleur et du directeur. C'est alors qu'on peut se faire donner communication des types si on ne l'a pas obtenue plus tôt.—Faire connaître dans les dix jours de la réception de l'avis si l'on réclame l'expertise, dans le cas où elle n'aurait pas été demandée par la requête elle-même art. 29 loi 21 avril 1832. — Déclarer en outre si l'on entend présenter ou faire présenter des observations à l'audience.

5° Après le dépôt.

S'occuper du choix d'un expert ; le prendre de préférence parmi des gens connaissant à fond les valeurs locatives du pays et le rapport des anciens revenus cadastraux à ces valeurs. Arrêter avec lui des points de comparaison pour contester les types adoptés par le contrôleur.

6° Expertise.

Assister à l'expertise, y faire entendre ses observations s'il y a lieu.

7° Tierce expertise.

En cas de désaccord entre les experts, saisir immédiatement le juge de paix d'une demande de désignation d'un tiers expert, qui devra faire son rapport *dans la quinzaine* (art. 5 loi du 29 décembre 1884).

8° Jugement par le conseil de préfecture.

Si l'on a demandé à présenter des observations, on doit être averti quatre jours à l'avance du jour de l'audience.

Se présenter ou faire représenter à l'audience, au jour fixé, et y faire entendre ses observations.

On peut encore alors faire valoir la nécessité d'un supplément d'information. Si le conseil ne se montre pas suffisamment éclairé, il peut ordonner une contre-vérification.

9° Délai dans lequel le conseil de préfecture doit statuer. Semestre.

Le conseil doit statuer, dans les trois mois du jour de la demande. — *A défaut par lui de le faire, le contribuable est fondé à différer le payement des douzièmes qui viendraient à échoir depuis l'expiration du délai de trois mois* (Loi 21 avril 1832, art. 28).

10° Recours contre la décision du conseil de préfecture.

Le contribuable *a deux mois* à partir de la notification du rejet de sa demande pour se pourvoir au conseil d'État contre la décision du conseil de préfecture. La requête en recours peut être écrite sur papier libre pour les cotes inférieures à 30 fr. ; elle doit être sur timbre, si la cote est de 30 fr. et au-dessus.

Elle est dispensée du ministère d'avocat.

ANNEXES

N° 1. Modèle de Réclamation devant le Conseil de
Préfecture.

A Monsieur le Préfet et à Messieurs les membres du
Conseil de Préfecture du département de.........

Le soussigné, (*nom, prénoms, profession et domicile*) a
l'honneur d'exposer qu'il a été imposé au rôle de la
contribution foncière des propriétés bâties pour 1891,
de la commune de (......) sur un revenu net de...... **qui,**
vu la déduction d'un quart (*s'il s'agit de maisons*) ou
d'un tiers (*s'il s'agit d'usines*), représente une valeur
locative réelle de.....

Que cette valeur locative est exagérée puisqu il
appert d'un bail enregistré en date du....... que cet
immeuble n'est effectivement loué (*indiquer le prix
porté au bail*).

(*Ou si le bail s'étend à d'autres objets que la propriété
bâtie (meubles, terres, parcs, jardins, bâtiments ruraux, etc.*)

Que cette valeur locative est exagérée parce que,
bien qu'elle soit la même que celle portée au bail,
enregistré en date du,.. cette dernière s'appliquant aussi
aux objets étrangers à la propriété, il y a lieu de faire
la ventilation de la valeur de ces objets pour la déduire
de la valeur locative servant de base à l'établissement
de la taxe, qui ne doit être calculée que sur la valeur

de l'immeuble seul, non garni de meubles (*ou sans
tenir compte de celle des jardins, parcs et bâtiments
ruraux qui sont l'objet d'un mode spécial de cotisation.*)
(*Ou s'il n'y a pas de bail.*)

Que l'évaluation donnée à cette valeur locative est
exagérée ainsi que le démontrera l'expertise; que notamment l'immeuble en question n'a pas une valeur locative supérieur à celle des immeubles de MM......, (*indiquer ici avec détail les points de comparaison choisis et
leur situation respective*) qui sont absolument du même
type et qui ne sont cotisés que sur une valeur locative
de.....; que, par suite, c'est à tort que l'immeuble,
objet de la réclamation, a été classé dans un type diffé-
rent et imposé sur une valeur locative supérieure aux-
dits immeubles.

(*S'il y a lieu à ventilation, la réclamer dans les mêmes
termes qu'au paragraphe précédent.*)

Par ces motifs, l'exposant demande la réduction de
la valeur locative sur laquelle il est imposé à la contribution foncière de la propriété bâtie au chiffre de.....

Et dans le cas où l'administration des contributions
directes contesterait la recevabilité de sa demande il
conclut subsidiairement à ce qu'il soit procédé à une
expertise...

A la présente demande sont joints: 1° l'avertissement
(*ou* l'extrait de rôle délivré par le percepteur); 2° la
quittance des douzièmes échus jusqu'à ce jour; 3° les
pièces justificatives qu'on croira devoir ajouter au
dossier (*les énumérer*).

Fait à... le...

Signature.

N° 2. — MODÈLE DE RECOURS AU CONSEIL D'ÉTAT.

Le soussigné (*noms, prénoms, profession*) demeurant
à... a l'honneur de déférer à la justice du Conseil
d'État, statuant au contentieux, un arrêté rendu par le

Conseil de Préfecture de... le... qui a rejeté la réclamation formée par lui, dans les délais fixés par l'article 7 de la loi du 8 août 1890, pour obtenir la réduction
de la valeur locative sur laquelle il est imposé sous
l'article... du rôle de la contribution foncière de la
propriété bâtie de la commune de... pour l'année 189...
par les motifs suivants.

(*Reproduire les motifs allégués par le Conseil de Préfecture dans son arrêté.*)

Le requérant fonde sa demande en annulation sur
les considérations suivantes. (*Les déduire sommairement mais avec précision.*)

Par ces motifs le requérant conclut à ce qu'il plaise
au Conseil d'État prononcer l'annulation de l'arrêté
attaqué et ordonner la réduction de la valeur locative
sur laquelle il est imposé à la somme de...

A la présente requête sont joints : 1° une expédition
de l'arrêté du Conseil de Préfecture; 2° l'extrait du
rôle; 3° la quittance des termes échus.

N° 3. — Demande d'expertise a former dans les dix
premiers jours du dépôt, quand cette demande n'a pas
eté formulée dans la réclamation elle-même.

A Monsieur le Sous-Préfet de l'arrondissement de...

Le soussigné... demeurant à... a l'honneur d'exposer
qu'après avoir pris connaissance du dossier relatif à la
réclamation qu'il a formulée au sujet de..... il persiste
dans sa demande qu'il croit fondée puisque... (*déduire
sommairement les motifs*). Il conclut en conséquence à
ce qu'il soit procédé à une expertise, et il choisit à cet
effet pour son expert M.....

A... le...

Signature.

Extrait de la Loi du 8 aout 1890

Art. 4. — A partir du 1er janvier 1891, il ne sera plus assigné de contingents aux départements, arrondissements et communes en matière de contribution foncière des propriétés bâties.

Art. 5. — La contribution foncière des propriétés bâties sera, à partir de la même date, réglée en raison de la valeur locative de ces propriétés telle qu'elle a été établie conformément à l'article 34 de la loi du 8 août 1885, sous déduction d'un quart pour les maisons et d'un tiers pour les usines, en considération du dépérissement et des frais d'entretien et de réparation.

Le bénéfice des dispositions de l'article 85 de la loi du 3 frimaire an VIII est étendu aux bâtiments qui servent à loger, indépendamment des bestiaux des fermes et métairies, le gardien de ces bestiaux.

Art. 6. — Le taux de la contribution foncière des propriétés bâties est fixé en principal, pour 1891, à 3,20 p. 100 de la valeur locative établie comme il est dit à l'article précédent et après les déductions spécifiées audit article.

Le taux ci-dessus ne sera appliqué que pour moitié dans le département de la Corse, pendant cinq ans à partir du 1er janvier 1891.

Art. 7. — Tout propriétaire de propriété bâtie est admis à réclamer contre l'évaluation attribuée à son immeuble, pendant les six mois à dater de la publication du premier rôle dans lequel cet immeuble aura été imposé, et pendant trois mois à partir de la publication du rôle suivant.

En ce qui concerne les rôles subséquents, les propriétaires sont admis à réclamer, pendant les trois mois de la publication de chaque rôle, lorsque, par suite de

circonstances exceptionnelles, leur immeuble aura subi
une dépréciation.

En dehors des cas prévus aux deux paragraphes pré-
cédents, aucune demande en décharge ou en réduction
ne sera recevable, sauf dans le cas où l'immeuble serait,
en tout ou en partie, détruit ou converti en bâtiment
rural.

Les réclamations sont présentées, instruites et jugées
selon les règles suivies en matière de contributions
directes.

Art. 8. — Les évaluations servant de base à la contribution foncière des propriétés bâties seront revisées
tous les dix ans.

Toutefois, si, par suite de circonstances exceptionnelles, il se produit, dans l'intervalle de deux revisions
décennales, une dépréciation générale des propriétés
bâties, soit de l'intégralité, soit d'une fraction notable
d'une commune, le Conseil municipal aura le droit de
demander qu'il soit procédé à une nouvelle évaluation
des propriétés bâties de l'ensemble de la commune, à
la charge pour celle-ci de supporter les frais de l'opération.

Les évaluations ainsi établies seront néanmoins renouvelées à l'expiration de la période décennale en cours.

Art. 9. — Les constructions nouvelles, les reconstructions et les additions de construction seront imposées par comparaison avec les autres propriétés bâties
de la commune où elles seront situées.

Elles ne seront soumises à la contribution foncière
que la troisième année après leur achèvement.

Pour jouir de l'exemption temporaire spécifiée au
deuxième paragraphe du présent article, le propriétaire
devra faire, à la mairie de la commune où sera élevé le
bâtiment passible de la contribution, et dans les quatre
mois à partir de l'ouverture des travaux, une déclaration
indiquant la nature du bâtiment, sa destination et la

désignation, d'après les documents cadastraux, du terrain sur lequel il doit être construit.

Sont considérées comme constructions nouvelles la conversion d'un bâtiment rural en maison ou en usine et l'affectation de terrains à des usages commerciaux ou industriels dans les conditions indiquées à l'article 1er de la loi du 29 décembre 1884.

ART. 10. — Les constructions nouvelles, les reconstructions et les additions de construction, non déclarées ou déclarées après l'expiration du délai fixé par l'article précédent, seront soumises à la contribution foncière à partir du 1er janvier de l'année qui suivra celle de leur achèvement.

Elles seront imposées au moyen de rôles particuliers, tant à la contribution foncière qu'à celle des portes et fenêtres, jusqu'à ce qu'elles aient été comprises dans les rôles généraux.

Leurs cotisations, tant en principal qu'en centimes additionnels, seront égales à celles que supporteront pour l'année en cours les immeubles de même nature et de même importance ; mais elles seront multipliées par le nombre d'années écoulées entre celle où les constructions nouvelles, les reconstructions et les additions de construction auront été achevées et celle où elles auront été découvertes, y compris cette dernière année, sans toutefois pouvoir être plus que quintuplées.

Elles viendront en accroissement des contingents des contributions personnelle-mobilière et des portes et fenètres. Toutefois, le contingent de la contribution personnelle-mobilière ne sera augmenté qu'à partir de l'année où lesdites constructions, reconstructions et additions de construction seront comprises aux rôles généraux, sous réserve, lorsqu'il y aura lieu, des dispositions de l'article 2 de la loi du 4 août 1844.

ART. 11. — Le contrôleur des contributions directes,

assisté du maire et des répartiteurs, assurera l'exécution des deux articles qui précèdent.

Art. 12. — Il continuera d'être perçu, par addition
au principal de la contribution foncière des propriétés
bâties, un centime par franc, dont le produit sera affecté
aux secours généraux et distribué entre les départements dans les cas d'incendie, inondation ou autres
événements fortuits.

Art. 13. — Sont et demeurent abrogées toutes les dispositions contraires à celles des articles 4 à 12 de la
présente loi.

Art. 14. — . . . .

Art. 26. — Pour le calcul du produit total des centimes départementaux et communaux à imposer dans
les rôles de chaque année, en ce qui concerne la contribution foncière (propriétés bâties et propriétés non
bâties), on prendra pour base le montant du principal
inscrit aux rôles de 1890, en tenant compte toutefois
des mouvements de la matière imposable. La part du
produit total afférente à ce dernier principal sera
répartie entre les contribuables en raison du principal
de leurs cotisations individuelles, telles qu'elles auront
été réglées en vertu de la présente loi.

Il sera ainsi procédé jusqu'à ce qu'il en soit autre-
ment ordonné par une disposition législative spéciale.

Art. 27. — Le fonds de non-valeurs de la contribution foncière des propriétés bâties et des propriétés
non bâties est fixé pour 1891, savoir :

Pour la contribution foncière des propriétés bâties à
cinq centimes par franc additionnels :

1° Au principal de cette contribution ;

2° Au produit des huit centimes douze centièmes additionnels à ladite contribution, perçus pour les dépenses de l'instruction primaire en vertu de l'article 27 de
la loi du 19 juillet 1889 ;

3° Au produit des centimes additionnels départe-

mentaux et communaux afférenfs à la même contribution.

En cas d'insuffisance du fonds de non-valeurs de la
contribution foncière des propriétés bâties, le déficit
est prélevé sur le principal de la même contribution.

Pour la contribution foncière des propriétés non
bâties, à deux centimes et demi par franc additionnels :

1° Au principal de la contribution ;

2° Au produit des huit centimes douze centièmes
additionnels à ladite contribution, perçus pour les
dépenses de l'instruction primaire en vertu de l'article
27 de la loi du 19 juillet 1889 ;

3° Au produit des centimes additionnels départementaux et communaux afférents à la même contribution.

EXTRAIT DE LA LOI DE FINANCES DU 21 JUILLET 1887

ART. 2. — Tout contribuable qui se croira imposé à
tort ou surtaxé, soit dans les rôles généraux des quatre
contributions directes, soit dans ceux de la taxe des
prestations en nature, pourra en faire la déclaration à la
mairie du lieu de l'imposition, dans le mois qui suivra
la publication des dits rôles.

Cette déclaration sera reçue sans frais, ni formalité
sur un registre tenu à la mairie ; elle sera signée par
le réclamant ou son mandataire.

Celles de ces déclarations qui, après un examen sommaire, auront pu être reconnues immédiatement fondées,
seront analysées par les agents des contributions directes sur un état qui sera revêtu de l'avis du maire ou
des répartiteurs, suivant le cas, ainsi que de celui du
contrôleur et du directeur.

Le conseil de préfecture prononcera les dégrèvements ;
il s'abstiendra toutefois de statuer sur les cotes ou
portions de cote qui lui auraient paru devoir être maintenues au rôle.

Les contribuables dont les déclarations n'auraient

pas été maintenues sur l'État dont il s'agit, et ceux sur la cote desquels le Conseil de Préfecture n'aurait pas eu à statuer, en seront avisés et ils auront la faculté de présenter des demandes en dégrèvement, dans les formes ordinaires, dans un délai d'un mois à partir de la date de la notification, sans préjudice des délais fixés par les lois du 21 avril 1832, art. 28, et du 29 décembre 1884, art. 4.

Art. 3. — Les cotes ou portions de cote qui seront reconnues former double emploi ou avoir été mal établies, par suite d'erreur matérielle d'écriture ou de taxation, pourront, en tout temps, être inscrites, par le Directeur des contributions directes, sur des états particuliers de cote indûment imposées et être soumises au Conseil de préfecture pour qu'il en prononce le dégrèvement.

Imp. de la Soc. de Typ. — NOIZETTE, 8, r. Campagne-1re, Paris